偵探少女事件簿：瓦解醜人研究社

給家長的話

在這個人手一機、電腦普及，甚至電視機都能連上網路的時代，孩子開始接觸網路的年齡越來越低、頻率越來越高、時間也越來越長。

好奇是人類的天性，現代的孩子可以透過無邊無際又充滿魅力的網路去探索世界，展現自我，甚至藉此尋求同儕之間的認同與歸屬感；但若稍有不慎，卻也容易迷失其中。因此，如何指引孩子懂得適當、適量、安全地使用網路，學習在網路世界裡尊重他人、保護自己，是親職教育的重要課題。

藉由本書，我們希望為您與孩子們開啟幾個共同的話題，陪伴孩子學習辨認網路中各種潛藏的隱憂，提醒孩子在網路揭露過多個人資訊可能帶來的風險，以及留意對他人貼文按讚、幫腔留言時，是否也可能不小心對他人造成了傷害？

父母是孩子一生的老師，在生活中同行引路，陪伴孩子換位思考、學習成長，才能讓孩子在盡情探索世界的時候，無畏前行！願爸爸媽媽與我們一同努力。

前情提要[※]

班上群組傳來一張光溜溜的屁股照，

害得全班同學人心惶惶，到底是誰這麼大膽？

還好有偵探少女箱箱，靠著敏銳的觀察力，機智地拆穿了騙局，

原來照片裡的不是屁股，這也不是張偷拍照，

同學們終於不再天天擔心身邊有沒有愛偷拍的變態狂。

大家也在事件過後學會當個聰明的閱聽人，

知道網路資訊需要多加查證，千萬不要以訛傳訛。

這次，偵探少女又要來解決什麼奇怪的事件呢？

※ 請參閱《偵探少女事件簿：屁屁偷拍之謎》，2022年1月，
田詠葳、陳廷昇著，魏宜君繪。國立陽明交通大學出版社出版。

「老師早！」樂朵提著早餐，趕在鐘聲響完前衝進學校。

大家都說她就是每天這樣「訓練」，才會跑得比田徑隊還快。

明天就是運動會，身為體育股長的樂朵，

很希望可以帶領全班贏得好成績，在畢業前留下美好的回憶。

但今天她進教室就發現班上氣氛好奇怪，同學們圍在一起竊笑，
看見她卻又裝作沒事。
「不愧是體育股長，果然連臉都很靈活！」
樂朵突然做出一個假動作接著快速轉身，搶下同學的手機，
看到令她震驚的畫面……

樂朵從來沒想過自己的照片會出現在「醜人研究社」上！
這個匿名社團以嘲笑別人外貌為樂，成員常在社團分享偷拍照，
還用難聽的話來攻擊別人身材或長相。
感到丟臉又緊張的樂朵，希望小偵探箱箱能幫忙找出是誰在惡作劇。

箱箱請樂朵回想相關線索，還有誰有這張照片？

樂朵支支吾吾地説：

「我的一個朋友……可是他應該不會這樣對我。」

「但只有他有，要不要找他問清楚？」箱箱反問。

「可是……」樂朵欲言又止。

原來「他」是樂朵在線上遊戲認識的網友「霸道校草」。

兩人常相約打遊戲，甚至每天互道早安、晚安，

分享生活中的趣事和煩惱。

雖然認識不久，但樂朵覺得霸道校草比家人和同學還更了解她。

所以在對方要求之下才放心傳了一些自拍照。

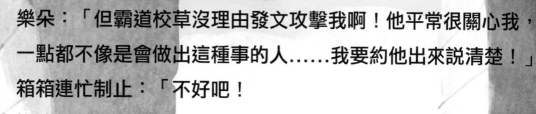

樂朵:「但霸道校草沒理由發文攻擊我啊!他平常很關心我,一點都不像是會做出這種事的人⋯⋯我要約他出來說清楚!」
箱箱連忙制止:「不好吧!
妳連他的真名都不知道,隨便跟陌生人見面很危險耶。」

霸道校草

妳今天比較晚上線欸!

樂朵

又跟家人吵架了阿 QQ

樂朵：「那該怎麼辦啊？我還有傳其他更不能外流的照片給他……」

箱箱：「什麼？不會吧！難道妳……妳拍妳自己的……」

樂朵：「妳不要亂想啦！我是拍了更醜的鬼臉照給他。

如果也被公開……真的好丟臉喔！可是他不會這麼做吧！」

箱箱：「妳怎麼這麼相信不是他做的呢？」

樂朵：「因為我們常分享心事啊，他也給我看過他抱著貓咪的照片，
感覺就很帥！哦對，貓咪眼睛還剛好跟變色龍一樣。」
箱箱：「是藍色還是綠色啊？」
樂朵：「一隻藍一隻綠，超特別吧！」

箱箱：「好可愛！但等等….借我搜尋看看！」

箱箱：「就是這張吧？這是隔壁班的小歐啊！」

樂朵：「霸道校草就是小歐？他不是國中生嗎？
那他遊戲頭像又是誰啊？」

箱箱推理道：「很可能是他盜用別人照片…..妳再仔細想想，
他傳給妳的照片，是不是有露臉的照片就沒有貓，有貓的照片
就沒有露臉？」

樂朵不敢置信地說：「沒錯......
所以跟我聊天玩遊戲、外流我照片和聯絡方式的人都是小歐？」
樂朵沒有想過霸道校草在現實生活中離自己這麼近。

以圖搜圖

搜尋

失去理智的樂朵一心只想質問小歐。

樂朵：「你也騙我太多事了吧？盜圖仔！」

箱箱：「你怎麼能把樂朵的照片公開上傳？」

面對兩人的質問，小歐卻一點也不驚慌。

他無所謂地說：「盜圖又不會怎樣，而且妳們能證明是我發文的嗎？」

樂朵氣得咬牙切齒：「難道你不怕你的照片也被放到社團嗎？」

小歐笑著說：「那也沒關係呀！我可是無死角的帥。對了，告訴妳們，我就是社團管理員，可以刪掉對我不利的照片。」

樂朵被小歐輕浮的態度氣得怒火中燒，但卻又無可奈何。

期待已久的運動會到了，但樂朵卻只想躲起來。

「好希望這一切沒有發生過啊！」樂朵沮喪地想。

整天心不在焉的她，一連輸了好幾項比賽，

連最擅長的接力賽也無法好好發揮。

眼看壓軸的拔河即將開始，班上卻一個獎盃都沒拿到，

同學們紛紛露出失落的神情。

樂朵儘管自責，但卻無法打起精神。

四周嘲笑的話語，讓她恨不得鑽進洞裡把自己埋起來。

看出樂朵心事的箱箱，上前鼓勵：「我知道妳現在心情很複雜，但拔河是妳帶著大家辛苦進入決賽的，我們需要妳，現在放棄太可惜了！」

即使還是很在意流言蜚語，但樂朵明白箱箱的意思。
她現在要做的，就是狠狠地打敗小歐他們班，贏得拔河冠軍！
看著變色龍，樂朵腦中出現了一個妙計。

拔河決賽十分激烈，
眼看就要被隔壁班拉過去時......

拔河比賽好緊張！

鬼臉太好笑了～

就是現在！

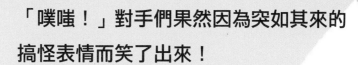

「噗嗤！」對手們果然因為突如其來的
搞怪表情而笑了出來！

大家都傻住了

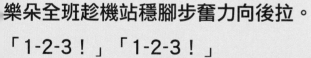

樂朵全班趁機站穩腳步奮力向後拉。
「1-2-3！」「1-2-3！」

帶領大家獲勝的樂朵，一時之間成為了大英雄！

小顏：「對不起我昨天那樣笑你……」

亮亮：「沒想到鬼臉這招居然有用，妳太厲害了！」

小鐵：「是我們不對……」

這時負責拍照的源源傳了一系列照片到班級群組中。

亮亮：
「好欸，現拍的最新鮮，我也要上傳！」
6:32pm

發文
#運動會 #醜照

「天啊！我好好笑喔！」

「哪有我這張搞笑！」

「沒想到樂朵那張根本不夠醜，我的好笑一百倍耶！」

箱箱靈機一動：「不如……我們來辦醜人研究社醜照大賽吧！」

班上同學的歡樂氣氛，讓樂朵鬆了一口氣，
對原先外流的醜照也稍微不那麼在意了。

小顏：「誰能比我醜！」
6:32pm

50 %

運動會 #醜照

沒想到其他班的同學們也紛紛加入這波風潮。一時之間，醜人研究社充滿了各式各樣的醜照，大家也開始期待能看到管理員的照片。

小歐建立的社團已經失控，要求他露臉的留言實在多到刪不完，
也驚覺嘲笑別人一點也不有趣。
當天晚上，醜人研究社出現了一篇新的貼文......

☆ ☆
管理員呢？

未知
April 22, 2023
✔ Verified Customer

☆ ☆ ☆
不要躲起來，秀一下阿！

Cool Girl ✔ Verified Customer
April 22, 2023

樂朵：「總算是結束了，沒想到打個遊戲會搞成這樣……
還好霸道校草只是學校的人！」
箱箱：「幸好只是鬼臉照，不然有可能發生更可怕的事呢。」
樂朵：「對啊，什麼韓系帥哥，我不會再被騙啦！」

管理員
公開 · 🌐

最近醜人太多，管理員看太
多醜照長針眼無法工作，醜
人研究社即日起停止更新。

👍😊 541   26 Comments 87 Shares

👍 Like   💬 Comment   ↪ Share   ⚫ ▾

學習單

1. 雖然大家一起上傳醜照化解了樂朵的尷尬，但醜人研究社中嘲笑樂朵的貼文並沒有刪除。你覺得樂朵真的沒事了嗎？她的照片會不會繼續流傳呢？

2. 未經同意張貼他人照片有可能觸法，除了張貼文章發起霸凌的人有責任，你覺得跟著按讚留言的人有沒有可能犯罪呢？

3. 面對照片外流，樂朵與箱箱直接到小歐班上質問的方式，你覺得妥當嗎？有沒有更好的解決辦法呢？

4. 如果今天樂朵傳給小歐的照片是私密照，除了被上網公開外，你覺得還會帶給樂朵什麼困擾呢？

5. 大家留言要求管理員交出醜照，算是一種反向霸凌嗎？如果不算是，又為什麼呢？

先冷靜，別緊張，我們可以這樣做！

在五花八門的網路世界中，按讚、留言跟轉發網址，對我們而言是再正常不過的事了！但有時候現實生活裡的不愉快，會讓我們想透過匿名、非正面接觸的方式，在網路上宣洩情緒，留言嘲笑、上傳損害他人的影像，甚至是匿名騷擾。不過這些看似無傷大雅，做起來好玩、有趣的行為，其實對當事人而言，無疑是種傷害，而在法律上，網路也是被視同真實空間喔！

網路霸凌是什麼？

透過上傳文字、照片、影片等形式，持續的對他人嘲笑、辱罵、騷擾、毀謗或威脅，造成對方身心靈傷害的網路不當行為（教育部全民資安素養網）。

遇到網路霸凌怎麼解決？謹記 4S 策略，我們可以這樣做：

S (Stop，停止)
1. 保持冷靜，別貿然回覆霸凌者。
2. 絕對不要和令你不安的對象獨處。
3. 若有必要與霸凌者溝通，請勿使用情緒性字眼，並簡明扼要地提出訴求。

S (Save，存檔)
1. 記下網址，將冒犯性貼文、影像或對話截圖存檔，並向該網站／應用程式提出檢舉。

S (Sweep，掃除)
1. 關閉留言或對話管道，遠離惡意言論。

S (Say，告知)
1. 若遭遇威脅或擔心自身安危，請務必告知信任的好朋友、家人、師長或機構，以獲取協助。
2. 相關機構
   學校投訴信箱、縣市反霸凌投訴專線、教育部 24 小時專線 1953、
   iWIN 網路內容防護機構熱線電話 02-89315185、
   兒福聯盟哎喲喂呀兒童專線 0800-003-123、創傷復原諮詢專線 0800-250-585。

| 教育部 | Facebook | Instagram | iWIN |
| 全民資安素養網 | 霸凌防治中心 | 保護帳戶安全 | 線上申訴網站 |

想想看，遇到以下情況的時候，你可以怎麼說呢？

1. 朋友用班上同學的照片在網路上創了一個假帳號，他覺得這樣很好玩，邀請你也跟著做，但你覺得這樣做不好，你可以怎麼說呢？

2. 網友傳他的自拍照給你，希望你也可以回傳自拍照給他，但你覺得有點不妥，你可以怎麼說呢？

3. 朋友因為剛剪的新髮型被班上同學取了難聽的綽號，他傷心地來跟你訴苦，你很想安慰他，你可以怎麼說呢？

4. 同學沒經過你同意就把你的照片傳到社群媒體，還配了嘲笑的文字讓你很生氣，你可以怎麼說呢？

5. 隔壁班同學想認識你的朋友，請你偷偷告訴他聯絡方式，但你覺得這樣做不妥，你可以怎麼說呢？

電子檔下載

學習回饋單

_____

_____

_____

_____

_____

_____

_____

_____

_____

學習回饋單

教育通識系列

偵探少女事件簿：
瓦解醜人研究社

作　　者　林佳蓉、游郁慈、田詠葳
繪　　者　魏宜君
總 策 劃　陳延昇、吳泰毅
行　　政　沈軍廷
執行單位　國立陽明交通大學全球公民教育專題研究中心

出 版 者　國立陽明交通大學出版社
發 行 人　林奇宏
社　　長　黃明居
執行主編　程惠芳
地　　址　新竹市大學路1001號
讀者服務　03-5712121轉50503
　　　　　週一至週五上午8:30 至下午5:00
傳　　真　03-5731764
e - mail　press@nycu.edu.tw
官　　網　http://press.nycu.edu.tw
FB粉絲團　http://www.facebook.com/nycupress

印　　刷　華剛數位印刷有限公司
初版日期　2023年9月一刷
定　　價　280元
I S B N　9789865470715
G P N　1011201031

展售門市查詢

陽明交通大學出版社
http://press.nycu.edu.tw

三民書局
臺北市重慶南路一段61號
網址：http://www.sanmin.com.tw
電話：02-23617511

或洽政府出版品集中展售門市
國家書店
臺北市松江路209號1樓
網址：http://www.govbooks.com.tw
電話：02-25180207

五南文化廣場臺中總店
網址：http://www.wunanbooks.com.tw
地址：臺中市西區臺灣大道二段85號
電話：04-22260330

國家圖書館出版品預行編目(CIP)資料

偵探少女事件簿：瓦解醜人研究社
林佳蓉，游郁慈，田詠葳作；魏宜君繪.
-- 初版. -- 新竹市：國立陽明交通大學出版社, 2023.09

　　面；　　公分. -- (教育通識系列)

ISBN 978-986-5470-71-5(精裝)
1.CST: 媒體素養 2.CST: 親職教育 3.CST: 繪本

528.2　　　　　　　　　　　　　112013199

作繪者介紹

作者

林佳蓉

國立陽明交通大學傳播研究所碩士生。希望透過故事的懸疑情節引導孩童感受推理的樂趣，並藉此傳達網路的匿名性並不是完美的「隱形斗篷」，反而更容易被有心人士不當利用，要能學習辨別網路世界裡可能暗藏的陷阱，懂得保護自己並善待他人，才能更快樂地使用網路！

游郁慈

國立暨南國際大學國際企業學系畢業，現就讀國立陽明交通大學傳播研究所。曾任國小安親班課輔及代課老師，因而體認到現今社群媒體及網路使用對孩童的影響，希望藉由豐富的色彩吸引孩童閱讀繪本並學習當中所傳達的知識，以正向的心態面對網路世界千變萬化的問題並懂得保護自己。

田詠葳

國立陽明交通大學人文社會學系、傳播研究所畢業。曾任國小家教。身為首批數位原生族群的Z世代，深知網路便利的背後其實暗藏危機，希望透過繪本傳遞數位隱私的重要性，讓孩童們能夠安心暢遊網路世界。

繪者
魏宜君

喜愛透過畫筆書寫日常感想，認為藝術創作就是從A點走到B點，但永遠到不了B點的過程。享受創造過程的酸甜苦辣，並將五味雜陳拓印於紙上，再翻開下一篇章，全然交付給生活體驗。